Lob dem Apfel

Eines musst Du Dir gut merken,
wenn Du schwach bist, Äpfel stärken.
Äpfel sind die beste Speise
für zu Hause, für die Reise,
für die Alten, für die Kinder,
für den Sommer, für den Winter,
für den Morgen, für den Abend,
Apfelessen ist stets labend.
Äpfel glätten Deine Stirn,
bringen Phosphor ins Gehirn,
Äpfel geben Kraft und Mut
und erneuern Dir Dein Blut.
Und vom Most und Apfelwein
wirst Du bald recht fröhlich sein.
Darum Freund, so lass Dir raten
esse frisch, gekocht, gebraten
täglich fünf bis zehn,
wirst nicht dick,
doch jung und schön
und kriegst Nerven wie ein Strick.
Mensch, im Apfel liegt Dein Glück!

Verfasser unbekannt

Apfel
BÜCHLEIN

Carola Ruff

BuchVerlag
für die Frau

ISBN 978-3-89798-213-0

Fotos: Carola Ruff, Petra Ruff
Ketchum GmbH c/o Kikkoman,
USA-Sonnenblumenkerne
(S. 76/77; 80/81)
Einband, Gesamtgestaltung und Satz:
Lore Jacobi, Jesewitz
Druck: Klingenberg Buchkunst Leipzig
Buchbinderische Verarbeitung:
Müller Buchbinderei GmbH Leipzig

Printed in Germany

www.buchverlag-fuer-die-frau.de

Inhalt

Der Apfelbaum, bot. Name: *Malus domestica*, gehört zur Familie der Rosengewächse. Wächst als Halbstamm, Busch oder Hochstamm, bis zu 5 m hoch. Flache Wurzeln, außerhalb der Kronentraufe Faserwurzeln. Kurzer Stamm mit anfangs glatter, später in Plättchen abblätternder Rinde. Breite, dicht belaubte, kugelig geformte Krone. Eiförmige, spitz zulaufende, wechselständige,

fein gesägte Blätter. Blüht im Frühjahr mit rosa-weißen Blüten und gelben Staubblättern in aufrechten Dolden. Standort und Verbreitung: Mitteleuropa, Asien, Amerika (in den meisten Fällen kultiviert). Gedeiht am besten auf tiefgründigen, feuchten, jedoch gut durchlüfteten Böden und bei hoher Luftfeuchtigkeit. Ernte der Früchte im Herbst.

Der Apfel fällt ganz weit vom Stamm

Äpfel schmecken meist süß, sind saftig, knackig, erfrischend und sättigend. Und dazu diese praktische, essbare Verpackung …!

Äpfel sind nicht nur weltweit beliebt, sondern auch ein bedeutender Wirtschaftsfaktor. Allein in Deutschland erntet man jährlich 700 000 Tonnen und importiert noch einmal soviel aus China, den USA, Italien oder Polen. Denn die Deutschen sind mit 25 bis 40 kg Früchten und mehr als 10 l Saft pro Kopf und Jahr die eifrigsten Apfelverzehrer der Welt!

Da möchte man glauben, der Apfel sei eine urdeutsche Frucht. Doch

unsere Tafeläpfel *(Malus domestica)* stammen von Kreuzungen zwischen Zwergäpfeln *(Malus pumila)* aus dem Kaukasus und China und europäischen Holz- oder Waldäpfeln *(Malus sylvestris)* ab.

Schon die Pharaonen entdeckten das Potenzial der winzigen Früchte, die damals so sauer waren, dass der Schriftsteller Cato (234 – 149 v. Chr.) behauptete, sie würden ein scharf geschliffenes Schwert stumpf werden lassen! Doch die Griechen begannen erfolgreich mit Zucht und Veredelung und die Römer brachten dann den Apfel den Germanen, zusammen mit den Trauben. Daher liegen noch heute viele Anbaugebiete für Tafeläpfel in Weinbau-Gebieten.

Die sauren, harten Früchte, die Safthersteller bevorzugen, stammen dagegen von Alleebäumen oder Streuobstwiesen auch aus raueren Regionen und sind vermutlich noch nah mit dem Holzapfel verwandt, in den die Germanen einst beißen mussten. Der Name 'Apfel' leitet sich von seinem germanischen Namen 'apitz' ab.

Karl der Große (747-814) ordnete im Capitulare de villis, einer Reichsverordnung über den Anbau von Heil- und Gewürzpflanzen, Obstbäumen und Beerensträuchern, die Pflanzung von Apfelbäumen an und bald gab es in Deutschland mehr als 200 verschiedene Sorten.

Der Apfel als Symbol

Kein anderes Obst erlangte kulturgeschichtlich solche Bedeutung wie der Apfel. Die vielen Kerne symbolisierten Fruchtbarkeit und in allen alten Kulturen galt er wegen seiner Ähnlichkeit mit der weiblichen Brust als Symbol für Liebe und Sexualität und war den Göttinnen der Liebe geweiht.

Das Christentum lastete ihm sogar den Sündenfall an. Ein lateinisches Sprichwort hieß: *malum e malo* − das Übel kam vom Apfel.

Den Kelten dagegen war der Apfel heilig. Von all den Bäumen des Waldes Avalon ist der Apfelbaum der

edelste, der Baum der Unsterblich-
keit. Dort suchte König Artus Heilung
von seinen schweren Wunden.

Auch in volkstümlichen Bräuchen,
Sagen und Märchen spielt der Apfel
eine maßgebliche Rolle.

Denken wir nur an Frau Holle,
Schneewittchen, Wilhelm Tell oder
den Apfel als Nikolausgabe und
Schmuck des Weihnachtsbaumes.

Später stieg er zum Symbol von Tra-
dition und Herrschaft auf. Sogar
Maria wird als Himmelskönigin mit
dem Apfel dargestellt. Viele Herr-
scher hielten bei ihrer Krönung den
goldenen Reichsapfel wie eine Welt-
kugel in der Hand. Noch heute gilt
der Apfel als Symbol von Macht und
Können. Nicht umsonst wählte ein

großer Computerhersteller den Apfel als Markenzeichen und nennen US-Amerikaner ihre größte Stadt – New York – liebevoll Big Apple.

In einer längst vergessenen Indianersprache bedeutete der Begriff für Apfel „einer der Brücken baut". Auch wenn wir sonst nichts über diese Menschen wissen, können wir ihnen zustimmen: Äpfel schaffen tatsächlich Verbindungen kulinarischer Art zwischen den unterschiedlichsten Menschen. Ob Gesundheitsfreak, Feinschmecker, Sportler oder Stubenhocker – alle lieben Äpfel!

Wer kennt die Sorten, nennt die Namen ...

Äpfel sind weltweit bekannt und das wichtigste Obst Europas. Wo sie aus klimatischen Gründen nicht in ausreichender Menge wachsen, werden sie eingeführt.

Seit vor Jahrzehnten entdeckt wurde, dass Äpfel bei Temperaturen zwischen 1 und 4 Grad, wenig Sauerstoff, viel Kohlendioxyd und erhöhter Luftfeuchtigkeit monatelang ohne Geschmacksverluste gelagert werden können, sind sie rund um den Globus das ganze Jahr über erhältlich. Nur gleich große Früchte, die in riesigen Apfelplantagen gleichzeitig rei-

Golden
Delicius
1 kg

Lig...

onagold
1 kg

Bosskop

fen, maschinell gepflückt und verladen werden können, sind dafür geeignet. Lokale Sorten, die nur in kleinen Mengen angebaut und geerntet werden, bleiben unbeachtet. Vor 100 Jahren gab es weltweit mehr als 20000 verschiedene Apfelsorten, allein in Preußen über 2300! Der Borsdorfer Apfel, die älteste bekannte Sorte, wurde bereits 1170 von Mönchen erwähnt. Heute gibt es bei uns noch etwa 1500 namentlich bekannte Sorten. Wirtschaftlich genutzt werden nur etwa 60, darunter Elstar, Boskop, Idared, Braeburn, Fuji, Pinova, Rubinette, Pink Lady und James Grieve. Vier zur Zeit beliebte Sorten – Golden Delicious, Jonagold, Gala und Granny Smith –

machen in Europa etwa 70 Prozent des Gesamtangebotes aus.

Alte Apfelsorten wie Goldparmäne, Gravensteiner oder den Klarapfel, der schon im August reift, findet man nur noch auf ländlichen Märkten oder im eigenen Garten. Damit der in der großen Sortenvielfalt steckende genetische Reichtum nicht verloren geht, versucht man die alten Sorten zu erhalten, um gegen neue Krankheiten oder veränderte Umweltbedingungen gewappnet zu sein. Doch auch ohne „Genbanken" werden Apfelsorten nie aussterben.

Da Äpfel zum Befruchten den Pollen einer anderen Apfelsorte brauchen, ist eigentlich jeder Sämling, der aus einem Apfelkern heranwächst, eine neue Kreuzung! Diese Vielfalt reizt natürlich Züchter und so entstanden in den letzten Jahren viele neue Sorten. Solche, die widerstandsfähiger gegen Schorf und Mehltau sind, früher oder später blühen und so Spätfrösten entgehen. Andere Sorten können besser gelagert oder transportiert werden, besitzen eine ausgeprägtere Süße oder sind saftiger.

Es dauert etwa 10 Jahre, bis ein Baum Früchte trägt und der Züchter das erhoffte Merkmal nachweisen kann. Dann entscheidet der Markt,

linke Reihe von oben:
Jonagold, Southern Red, Royal Gala
rechte Seite von oben:
Braeburn, Klarapfel, Elstar

ob der neue Apfel sich international durchsetzt, nur regional bekannt oder bald vergessen wird.

Den Wildapfel *(Malus sylvestris)* gibt es inzwischen als Rarität zu kaufen. Seine stark duftenden Blüten sind hervorragende Pollenspender für seine „edleren" Brüder. Die herbsäuerlichen Früchte eignen sich gut zum Mischen bei der Gelee- und Saftherstellung.

In den vergangenen 10 Jahren haben sich auch Heimat- und Tourismusvereine, Natur- und Kulturschützer zusammengetan, um alte Apfelsorten zu retten. Die Wahl der 'Alten Apfelsorte des Jahres' ist eine der Aktionen, durch die z.B. der alte "Finkenwerder Herbstprinz" wieder bekannt und erfolgreich etabliert wurde. Auch für den „Seestermühler Zitronenapfel" soll dies gelingen.

Übrigens stammt jeder dritte deutsche Apfel aus Deutschlands größtem Obstanbaugebiet, dem „Alten Land", zwischen Hamburg und Stade. Diese Landschaft ist vom Apfelbaum geprägt und soll jetzt sogar Weltkulturerbe werden!

Obstforscher – Pomologen

Wer einen wertvollen, aber bisher namenlosen Apfelbaum besitzt, kann von Pomologen erfahren, wie sein Baum heißt und wie er „Ableger" von ihm erhält.

Die nach Pomona, der römischen Göttin des Obst- und Gartenbaus, benannten Obstforscher, spüren längst verschollen geglaubte alte Apfelsorten auf, um sie zu erhalten. Im Herbst bekommen sie fast täglich Pakete mit Früchten von unbekannten Apfelbäumen zum Bestimmen.

Ist die Schale glatt, rau oder fettig, gestreift, mit Pünktchen oder Sternchen übersät? Auch Farbe, Größe,

Duft, Geschmack, Fruchtfleisch, Druckfestigkeit, Stiel, Kelch, Gehäuse und Kerne verraten, zu welcher Sorte der Apfel gehört. Finden die Spezialisten eine vergessen geglaubte Sorte, wie vor einigen Jahren den „Roten Fuchs" aus Lommatzsch bei Meißen, von dem damals nur noch drei Bäume standen, ist dies eine Sternstunde ihrer Detektivarbeit. Für sie sind Äpfel eben mehr als nur Obst, nämlich wertvolles und erhaltenswertes Kulturgut.

Einen ganz anderen Weg geht der Gärtner Peter Klock aus Witzeeze bei Hamburg. Er veredelt junge Bäume mit Ablegern seltener, alter Apfelbäume. Dazu schickt man ihm im Frühjahr kräftige, im vergangenen Jahr gewachsene Triebe und bekommt im Herbst dann gegen eine Gebühr ein kräftiges Bäumchen.

Damit erhält man nicht nur einen Nachfolger für den in die Jahre gekommenen seltenen Baum, sondern auch ein liebenswertes Andenken an das Elternhaus oder ein wertvolles Geschenk zur Hochzeit oder Taufe der Kinder oder Enkel! Diesen Brauch gab es bereits im Mittelalter und schon Martin Luther (1483-1546) sagte: „Wenn ich wüsste, dass morgen die Welt unterginge, würde ich heute noch ein Apfelbäumchen pflanzen!"

Beliebte Apfelsorten

Finkenwerder Herbstprinz, alte Hamburger Sorte, wird erst Mitte Oktober reif, hält sich aber bis März. Das kräftige Fruchtfleisch eignet sich gut zum Backen.

Berlepsch, saftig und für sein feines, fast weinartiges Aroma berühmt. Der Anbau lohnt nur in mildem Klima, da seine Blüten bei Spätfrösten gefährdet sind.

Celler Dickstiel, alter Tafelapfel aus Niedersachsen mit frischem, weißen Fruchtfleisch. Die Blüte ist nicht frostempfindlich, so dass er auch in rauen Lagen gedeiht.

Gewürzluiken, sehr auffällig gestreifter saftig-säuerlicher Apfel, der nur in mildem Klima gedeiht.

Ingrid Marie, sehr haltbarer, saftiger Apfel. Wegen der schönen roten Farbe beliebter Weihnachtsapfel.

Prinz Albrecht von Preußen, robuster Apfel für raue Lagen und feuchtere Böden mit erfrischend-säuerlichem Aroma. Die Bäume werden allerdings sehr ausladend und sind daher für kleine Gärten kaum geeignet.

Danziger Kantapfel, sehr alte Sorte, saftig, aromatisch.

Alkmene, große Früchte, die schon Anfang September geerntet werden können und in 10 Tagen ihr volles Aroma entwickeln.

Pinova, aromatisch, würzig,

Retina kann in warmen Lagen schon im August geerntet werden. Schmeckt frisch vom Baum am besten.

(Sorten, die mit P und Re- beginnen, stammen meist aus der Obstzuchtversuchsanstalt Pillnitz in Sachsen. Die mit Re- sind resistent gegen bestimmte Baumkrankheiten.)

Der gesunde Apfel

Erstaunlich, dass unsere Vorfahren schon in grauer Vorzeit wussten, wofür der Apfel gut ist und wie aufwändig heute geforscht wird, um dies zu beweisen.

Während des 30jährigen Krieges legte man an Cholera und Ruhr Erkrankte unter Apfelbäume. Wer noch die Kraft hatte, Äpfel zu essen, konnte hoffen, wieder zu genesen. Heute weiß man, dass die Inhaltsstoffe des Apfels tatsächlich Bakterien und Viren abtöten.

Die amerikanische Lebensmittelbehörde USDA konnte unlängst nachweisen, dass Apfelmus gefährliche

Keime wie Escherichia coli abtötet, die Meningitis und Harnwegsinfektionen verursachen können! Forscher des Deutschen Instituts für Ernährung in Potsdam entdeckten, dass das in Äpfeln enthaltene Pektin sogar vor gefährlichen Blei-Konzentrationen im Körper schützt.

Neuere Studien belegen, dass wer regelmäßig Äpfel isst, seltener an Erkältungen und damit verbundenen Atemwegsinfektionen leidet, dass Äpfel gegen Übelkeit und Magenschmerzen helfen, das Fruchtfleisch die Zähne reinigt, Keime im Mund vernichtet und das Einschlafen erleichtert.

Nährwerte eines 150 g schweren Apfels, ungeschält

Hauptnährstoffe:

Eiweiß	0,45 g
Fett	0,90 g
Kohlenhydrate	17,00 g

Vitamine und Mineralstoffe:

Kalium	180,00 mg
Vitamin C	18,00 mg
Eisen	0,38 mg
Vitamin B6	0,16 mg

Bioaktive Substanzen:

Ballaststoffe, insb. Pektin	3,00 g

Sekundäre Pflanzenstoffe:

Carotinoide, Polyphenole, Monoterpene

Kalorien 342 kJ / 81 Kcal

Quelle:
Der kleine Souci, Lebensmitteltabelle

Inzwischen ist nachgewiesen, dass das Pektin von 2 bis 3 Äpfeln am Tag den Cholesterinspiegel nicht nur senkt, sondern auch das herzschützende HDL-Cholesterin erhöht. Äpfel regulieren den Blutzucker und schützen so vor diätfeindlichen Heißhunger-Attacken. Daher sind Äpfel fester Bestandteil jeder Schlankheitskur und gehören auf den Speiseplan von Diabetikern.

Unsere Ahnen hielten schon vor Jahrhunderten einen Aufguss aus Apfelschalen für herzstärkend, aber erst vor kurzem wurde im Apfel die Aminosäure Phenylalanin entdeckt, die das für das Herz wichtige Coenzym Q10 aktiviert! Wissenschaftler der amerikanischen Cornell University entdeckten sogar, dass ein Apfel-extrakt die Ausbreitung von Darm- und Leberkrebszellen hemmt.

Die guten Geister sind sekundäre Pflanzenstoffe, sogenannte Flavonoi-de, die im Fruchtfleisch, vor allem aber in der Schale der Äpfel vorkom-men. Flavonoide, (von lat. flavus = gelb) schützen die Pflanze vor schäd-lichen Einflüssen, aber auch uns Menschen. Einige stärken die Blutge-fäße, lassen Entzündungen abklin-gen oder hemmen die Vermehrung von Viren und binden freie Radikale. Das Flavonol Quercetin kann z.B. Lungenkrebs verhindern. Raucher sollten also täglich Äpfel essen.

Andere hoffnungsvolle Forschungs-projekte, die an mehreren deutschen

Universitäten u.a. an der von Jena laufen, sollen beweisen, ob und wie weit Äpfel und Apfelprodukte wie naturtrüber Apfelsaft die Bildung von Darmkrebszellen verhindern können! Nach ersten positiven Erkenntnissen sind sich die Forscher aber jetzt schon sicher, dass es nicht sinnvoll ist, einzelne Substanzen des Apfels zu extrahieren. Sie empfehlen, den Apfel als Gesamtes zu konsumieren. Denn die einzelnen Bestandteile selbst sind nicht das Bemerkenswerte am Apfel, sondern deren Kombination mit den teilweise noch nicht näher erforschten über 300 sekundären Pflanzeninhaltsstoffen.

Noch bemerkenswerter aber ist, dass Äpfel sowohl wirkungsvolle Diät und

Medizin als auch wohlschmeckendes Lebensmittel sind.

Äpfel sind roh genauso köstlich wie gekocht oder gebacken und veredeln Fleisch, Geflügel, Fisch oder Salate. Aus Äpfeln werden neben Kuchen und Kompott, erfrischender Saft und Most, pikanter Essig, gesunde Tees, herzhafte Weine und bekömmliche Schnäpse hergestellt.

Waren Äpfel bisher nicht Ihr Lieblingsobst, vielleicht überzeugen Sie unsere Rezepte!

Wenn nicht anders angegeben, gelten alle Rezepte für 4 Personen. Werden im Rezept vorbereitete Äpfel verlangt, so sollten sie geschält, geviertelt, entkernt und in Spalten geschnitten sein.

Zum Kochen und Backen eignen
sich vor allem säuerliche Sorten wie
Holsteiner Cox, Elstar, Roter Boskop,
Jonagold und Braeburn, die nicht so
schnell braun werden. Mit Zitronensaft beträufelt bleiben aber auch
andere Apfelsorten schön hell. Und
nun gutes Gelingen und guten
Appetit!

Apfelfrühstück

Apfel-Milch-Shake
(Für 1 Portion)

1 Apfel,
100 ml eiskalte Milch,
Zucker und Zimt nach Geschmack

Apfel ohne Kerngehäuse reiben oder im Mixer pürieren, mit der Milch übergießen und würzen.

Variante

Zusätzlich zum Apfel eine Banane im Mixer pürieren, mit der Milch verrühren und sofort servieren.

Apfel-Speck-Brötchen

1 kg Mehl, 80 g Hefe,
je 150 g Speck und Zwiebeln,
1 großer Apfel, gewürfelt,
Pfeffer, Salz

Aus Mehl, Hefe und 625 ml warmem Wasser einen Teig zubereiten, gehen lassen. Speck- und Zwiebelwürfel goldbraun braten, mit den Apfelwürfeln in den Teig kneten, wenn der sich verdoppelt hat, 24 Brötchen formen, mit Mehl bestäubt auf ein gefettetes Backblech legen, einritzen und bei 200 Grad 25 Minuten backen.

Apfelbrot

500 g Äpfel, 4 EL Zitronensaft,
200 g Mehl,
1 Päckchen Backpulver,
je 125 g Nüsse und Rosinen,
100 g Zucker,
je 1 EL Lebkuchengewürz,
Kakao, Kirschwasser und Rum,
Puderzucker nach Geschmack

Äpfel mit der Schale raspeln, mit Zitronensaft beträufeln. Restliche Zutaten vermischen und vorsichtig unter die Äpfel heben. In eine gefettete Kastenform geben und bei 175 Grad etwa 1 Stunde backen, evtl. mit Puderzucker bestäuben.

Apfel-Bananen-Brot

250 ml Milch, 4 EL Öl,
1 reife Banane, zerdrückt,
1 Apfel, gerieben, 4 Eier,
je 100 g brauner und weißer Zucker,
100 g gehackte Nüsse, 400 g Mehl,
4 TL Backpulver

Zuerst die feuchten Zutaten mischen, dann die trockenen und dann alles vermengen. In einer gefetteten Kastenform bei 180 Grad etwa 60 Minuten backen.

Zubereitung im Backautomat:
Zutaten der Reihe nach in die gefettete Form geben und im Schnellbackprogramm backen.

Apfelsandwich
(für 1 Portion)

*2 Scheiben Pumpernickel,
2 Salatblätter,
je 1 EL Mayonnaise und Joghurt,
1 Apfel, fein gerieben,
2 Stängel Schnittlauch,
fein geschnitten,
50 g Shrimps, in mundgerechte
Stücke geschnitten*

Brot mit Salatblättern belegen, restliche Zutaten verrühren und hübsch auf den Blättern anrichten.

Modernes Bircher-Müsli

je 1/2 l Sahne und Milch,
je 1 Tasse Rosinen und Zucker,
2 Becher Joghurt,
2 Tassen Haferflocken,
1 Apfel, 2 Aprikosen,
beides gewürfelt,
1 Banane, in Scheiben,
1 Tasse Erdbeeren, klein geschnitten,
1 Tasse Beeren der Saison,
Saft einer Zitrone

Die ersten 6 Zutaten mischen, über Nacht zugedeckt stehen lassen. Am nächsten Morgen noch Obst und Zitronensaft zugeben und portionsweise servieren.

Salate & Beilagen

Waldorf-Salat

1 kl. Sellerieknolle,
1 Zitrone,
je 3 Äpfel und Karotten,
150 g Joghurt,
6 EL Schmand,
1 EL Mayonnaise oder
1 EL süße Sahne,
Pfeffer, Salz

Geschälten Sellerie grob reiben, Äpfel mit der Schale würfeln, mit Zitronensaft beträufeln, geputzte Möhren ebenfalls grob reiben. Mit den restlichen Zutaten mischen und abschmecken.

Apfel-Möhren-Rohkost

*je 4 Äpfel, ungeschält,
und Möhren, beides fein gerieben,
1 TL Zucker, je 4 EL Zitronensaft
und Sonnenblumenkerne,
klein gehackt*

Alle Zutaten gut mischen und sofort
servieren.

Party-Apfel-Käsesalat →

1 EL Haselnüsse, gehackt,
ohne Fett geröstet,
400 g Emmentaler oder Gouda,
gewürfelt,
2 EL Zucker,
5 EL Zitronensaft,
3 rote Äpfel, vorbereitet,
8 kleine Salatblätter,
1/2 Bund Kerbel, klein geschnitten

Zucker, Zitronensaft und 100 ml Wasser aufkochen. Apfelscheiben darin ziehen lassen. Käse, abgetropfte Apfelscheiben, Nüsse und Kerbel mischen, in den Salatblättern servieren.

Apfel-Walnuss-Salat

2 große Äpfel, ungeschält, entkernt,
in Scheiben geschnitten,
4 EL Zitronensaft,
50 g Walnüsse, gehackt,
100 g Blauschimmelkäse,
zerkrümelt oder fein gewürfelt,
4 EL Öl,
Pfeffer, Salz

Apfelscheiben mit etwas Zitronensaft
beträufeln, auf vier Tellern mit Nüs-
sen und Käse anrichten. Restlichen
Zitronensaft mit den übrigen Zutaten
und 2 EL warmem Wasser verrühren
und über den Salat gießen.

Apfelrisotto →

1 Zwiebel, gewürfelt,
2 Äpfel, vorbereitet, 2 EL Öl,
250 g Risotto-Reis,
je 1 TL Paprika scharf und edelsüß,
100 ml Weißwein,
3/4 l Brühe,
1 EL Öl,
Pfeffer, Salz,
1/2 Bund Petersilie, gehackt

Zwiebel, Äpfel und Reis glasig dünsten, mit Weißwein und Brühe ablö-
schen und bei geringer Hitze garen,
kräftig würzen. Mit Petersilie bestreut
zu Kurzgebratenem servieren.

Apfelrotkraut

1 Zwiebel, gewürfelt, 4 EL Butter,
1 kg Rotkohl,
ohne Strunk und Mittelrippen,
in feine Streifen geschnitten,
Salz, Pfeffer, 1 TL Zucker,
1 EL Apfelessig,
200 g Apfel, vorbereitet

Zwiebel in Butter andünsten. Rotkohl dazugeben und 5 Minuten anbraten. Würzen und mit 1/8 l Wasser etwa 20 Minuten dünsten. Apfel zugeben. Solange garen, bis die Flüssigkeit eingekocht ist. Eine feine Beilage zu Geflügel und Kartoffelklößen.

Apfel-Kartoffel-Auflauf

1 TL Butter,
350 g säuerliche Äpfel (Boskop
oder Glockenapfel), vorbereitet,
150 g Salzkartoffeln, in Scheiben,
250 ml Milch,
2 EL Crème fraîche,
Pfeffer, Salz

Auflaufform einfetten, Apfel- und
Kartoffelscheiben abwechselnd ein-
schichten. Milch und Crème fraîche
zusammen aufkochen und über den
Auflauf gießen. Bei 180 Grad etwa
25 Minuten goldbraun backen und
zu kurzgebratenem Fleisch reichen.

Apfelsuppen

Apfel-Speck-Suppe

400 g Kartoffeln,
4 Äpfel, vorbereitet,
1 l Brühe,
Salz, Pfeffer, Majoran,
4 EL saure Sahne,
1 Bund Schnittlauch,
fein geschnitten,
100 g Bacon, ausgebraten
und zerkrümelt

Kartoffeln schälen und mit den Äpfeln in der Brühe garen. Pürieren, würzen, Sahne unterziehen, mit Speck und Schnittlauchröllchen bestreuen.

Apfel-Möhren-Suppe

1 Zwiebel, 500 g Möhren,
1 Apfel, vorbereitet,
alles klein geschnitten,
1 EL Butter,
1 1/4 l Hühnerbrühe,
Zucker, Salz, Curry,
125 ml Schlagsahne,
2 cm Ingwer

Zwiebel andünsten, Möhren- und Apfelstücke zugeben, Brühe zugießen und garen. Pürieren und würzen. Sahne schlagen, Ingwer reiben, ausdrücken, den Saft vorsichtig in die Sahne rühren. Damit jede Portion verzieren. Die Suppe schmeckt im Sommer auch kalt.

Apfel-Kürbis-Suppe

500 g Kürbisfleisch,
250 g Apfel,
1 Zwiebel, alles gewürfelt,
3 EL Butter,
1 EL Curry,
1 l Brühe,
Pfeffer

Kürbis, Apfel und Zwiebel in der Butter andünsten, mit der Brühe aufgießen und solange köcheln, bis der Kürbis weich ist. Alles pürieren und kräftig würzen.

Apfel-Ingwer-Suppe

400 g Äpfel, 2 Kartoffeln,
beides geschält und gewürfelt,
I cm frische Ingwerwurzel,
fein gehackt,
I l Gemüsebrühe,
Pfeffer, Salz,
100 g frische Kresse

Äpfel und Kartoffeln in der Gemüsebrühe weich kochen. In der Brühe
pürieren und mit Ingwer nochmals
aufkochen, würzen und mit Kresse
oder Petersilie garniert servieren.

Sellerie-Apfelsuppe

500 g Sellerie,
250 g Äpfel, vorbereitet,
150 g Kartoffeln,
3 EL Butter,
1 1/4 l Brühe,
3 Scheiben Toast,
2 EL geriebener Emmentaler

Die ersten drei Zutaten schälen und würfeln, in 2 EL Butter andünsten, mit Brühe aufgießen und garen. Mit dem Pürierstab pürieren. Getoastetes Brot mit Butter bestreichen, mit Käse bestreuen, im Backofen bei 180 Grad so lange grillen, bis der Käse zerläuft, würfeln und zur Suppe reichen.

Ungarische Apfelsuppe

500 g mageres Rindfleisch,
50 g durchwachsener Speck,
2 Zwiebeln, alles gewürfelt, 2 EL Öl,
400 g Sauerkraut,
1 1/2 l Brühe,
1 grüne Paprika,
3 rote Äpfel,
Pfeffer, Salz, Paprikapulver

Fleisch, Speck und Zwiebeln im Öl anbraten, Sauerkraut zugeben und anbräunen. Mit heißer Brühe aufgießen und garen. Paprika und ungeschälte Äpfel würfeln und 10 Minuten mitkochen. Würzen und mit Weiß- oder Bauernbrot servieren.

Herzhafte Apfelküche

Gemüseauflauf

*1 kl. Steckrübe, 3 Möhren,
4 Kartoffeln, Pfeffer, Salz, Majoran,
je 2 EL Butter, Mehl und Milch,
4 Äpfel, vorbereitet*

Gemüse schälen, würfeln, mit wenig Wasser bissfest dämpfen, kräftig würzen. Aus Butter, Mehl und Milch eine dicke Sauce zubereiten, evtl. mit etwas Gemüsebrühe strecken. Gemüse- und Apfelstücke in eine gefettete Auflaufform schichten, mit Sauce begießen und im Backofen bei 220 Grad goldbraun backen.

Apfelpuffer

Puffer:
je 300 g Apfel,
Kartoffeln und Kürbisfleisch,
alles fein geraspelt,
3 Eier,
je 50 g Mehl und Semmelbrösel,
Pfeffer, Salz
Dip:
3 EL gehackter Schnittlauch,
125 g Frischkäse,
100 g Schafskäse, 50 ml Milch

Puffer-Zutaten vermischen und die Masse löffelweise in heißem Öl auf jeder Seite ausbraten. Dip-Zutaten verrühren und zu den Puffern servieren.

Matjes-Tatar an Bratkartoffeln

Sauce:
je 2 EL Zitronensaft und Öl,
Pfeffer, Salz,
1/2 Bund Dill,
1 Zwiebel, 2 Äpfel,
beides vorbereitet und fein gehackt,
1 EL Kapern
4 Matjesfilets, gewürfelt
Bratkartoffeln:
1 Zwiebel, fein gehackt,
750 g Pellkartoffeln
in dünnen Scheiben,
Pfeffer, Salz, 3 EL Öl

Saucenzutaten und Matjes verquirlen, Kartoffeln und Zwiebeln knusprig braten, kräftig würzen.

Apfel-Kürbis-Wraps

je 300 g Kürbis und Apfel,
beides gewürfelt,
etwas Brühe,
200 g Frischkäse,
Pfeffer, Salz,
1/2 Bund Schnittlauch
oder Petersilie, fein gehackt,
4 warme Pfannkuchen
oder Tortillas (Fertigprodukt),
200 g Räucherlachs, in Streifen

Kürbis und Apfel in Brühe dünsten,
mit der Gabel zerdrücken, mit Frischkäse, Lachs und Kräutern mischen,
kräftig würzen. Masse auf den Pfannkuchen verteilen, aufrollen. Sofort
servieren.

Himmel und Erde

je 600 g Äpfel, Birnen,
Salzkartoffeln,
Blut- und Leberwurst,
je 250 g Speck und Zwiebeln,
Salz, Zucker

Obst und Gemüse schälen, in grobe Würfel schneiden und getrennt weich kochen. Kartoffeln grob stampfen, Speck ausbraten, herausnehmen. Im Speckfett Zwiebelringe, Blut- und Leberwurst knusprig braten. Alles zusammen servieren. Danach verträgt man gut einen kleinen Schnaps oder einen langen Spaziergang!

Kasseler Topf

je 500 g Möhren, Kartoffeln,
Zwiebeln und Kasseler, alles in
gleich große Würfel geschnitten,
3 EL Butterschmalz,
500 g getrocknete Apfelringe,
klein geschnitten,
1/2 l Brühe, 1 TL Kümmel,
100 g Schmand, Pfeffer, Salz,
1 EL fein gehackte Petersilie

In einem großen Schmortopf die Zwiebeln anbraten, restliche Zutaten darüber schichten, Fleisch obenauf legen. Mit heißer Brühe begießen und zugedeckt 30 Minuten schmoren, Schmand unterziehen, würzen und mit Petersilie bestreuen.

Schweinebraten mit Apfelkraut

1 kg Schweinebraten mit Schwarte,
Pfeffer, Salz, 1 TL Kümmel,
1 Zwiebel, 1 Bund Suppengrün,
4 EL Honig, 9 EL Sojasauce
<u>*Apfelkraut:*</u>
1/2 Weißkohl, 1 Zwiebel, 1 Apfel,
Saft von 1/2 Zitrone, 1 EL Weinessig,
6 EL Sonnenblumenöl, Kümmel,
Salz, Pfeffer

Backofen auf 200 Grad vorheizen.
Den Braten mit Pfeffer, Salz und
Kümmel einreiben, die Schwarte rau-
tenförmig einschneiden. Den Braten
mit der Schwarte nach unten in
einen Bräter legen und 1/2 l
kochendes Wasser angießen. Bei

200 Grad ca. 30 Minuten schmoren. Zwiebel und Suppengrün grob zerkleinert um den Braten verteilen. Den Braten immer wieder mit Bratensaft begießen. Nach 30 Minuten den Braten umdrehen, Honig mit der Sojasauce vermischen. Die Temperatur auf 180 Grad reduzieren. Den Braten immer wieder mit dem Soja-Honig-Gemisch bepinseln.

Für das Apfelkraut den Kohl und die Zwiebeln hobeln, Apfel schälen, entkernen, in Stifte schneiden und mit Zitronensaft beträufeln. Alles ca. 4 Minuten in kochendem Salzwasser blanchieren. Wasser abgießen und das Apfelkraut noch warm abschmecken. Den Schweinebraten mit dem Kraut und Klößen anrichten.

Knusprige Festtagsgans
(für 6 Portionen)

1 ausgenommene Gans (ca. 4 kg),
2 Möhren, 1/2 Sellerieknolle,
1 Stange Lauch, 4 Knoblauchzehen,
2 Lorbeerblätter, 2 l Bier, Salz, Pfeffer,
2 EL Butterschmalz
Füllung:
600 g vorbereitete Äpfel, 1 Bund
Petersilie, 2 Zweige Majoran,
300 g Schalotten, 100 g Sonnen-
blumenkerne, Salz, Pfeffer

Für die Füllung die Apfelscheiben mit
gehackten Kräutern und Schalotten
vermengen. Die ohne Fett geröste-
ten Sonnenblumenkerne dazugeben.
Alles abschmecken.

Die Gans waschen, trockentupfen, salzen und pfeffern. Den Backofen auf 180 Grad vorheizen. Die Gans füllen und die Öffnung mit Küchengarn zunähen.

Das Gemüse putzen, würfeln oder in Ringe schneiden. In einem Bräter die Gans im erhitzten Fett rundum gut anbraten. Dann das Gemüse mit dem fein gehackten Knoblauch und den Lorbeerblättern zufügen und mitbraten. Gans auf den Rücken drehen und 2 1/2 bis 3 Stunden im Ofen garen, dabei öfter mit Bier übergießen. Nach der Garzeit die Gans etwas ruhen lassen, die Sauce durch ein Sieb in einen Topf geben, entfetten und mit Knödeln und Rotkraut zur Gans servieren.

Herzhafte Apfeltarte

Teig:
1/8 l Milch, 20 g Hefe, 250 g Mehl,
2 EL Butter, 1 Ei, Pfeffer, Salz
Belag:
150 g Möhren, 600 g Gemüse-
zwiebeln, 1 EL Butter, Salz,
1 TL Thymian, 350 g Äpfel, vorbereitet, 50 g grob gehackte Walnüsse,
250 g Schmand, 4 Eier, Pfeffer, Salz

Aus den Zutaten wie üblich einen
geschmeidigen Hefeteig bereiten, in
eine gefettete, runde Auflaufform
legen und gehen lassen. Möhrenras-
pel und Zwiebelstreifen in der Butter dünsten, würzen, Nüsse unterziehen und abkühlen lassen. Auf dem

Teig verteilen, darüber Apfelscheiben verteilen, nochmals kurz gehen lassen. Schmand und Eier verrühren, kräftig würzen und über die Tarte gießen. Bei 175 Grad 45 bis 50 Minuten backen.

Partybrot

100 g Schinken, 2 Tomaten,
1 Apfel, 50 g grüne Oliven,
100 g Käse, alles gewürfelt
<u>*Teig:*</u>
125 ml Milch, 100 g Mehl,
75 g Weizenschrot, 3 Eier,
100 ml Olivenöl,
75 g Parmesan, gerieben,
Pfeffer, Salz

Teigzutaten verrühren. Restliche Zutaten dazugeben. In eine gefettete Kastenform oder Muffinformen füllen und die Muffins bei 180 Grad etwa 20 Minuten und das Kastenbrot etwa 40 Minuten goldbraun backen.

Pikanter Apfelfladen

750 g TK-Pizzateig,
3 Zwiebeln, in Ringen,
1 kg Äpfel, vorbereitet,
250 g Emmentaler, grob gerieben,
1 EL Kümmel,
Pfeffer, Salz

Teig zu einem Rechteck ausrollen, auf ein gefettetes Backblech legen. Nochmals gehen lassen. Apfelspalten mit Zwiebelringen vermengt auf dem Teig verteilen, kräftig würzen, mit dem Käse bestreuen und bei 220 Grad etwa 20 Minuten backen.

Apfelkuchen und Gebäck

Apfelwaffeln

2 Äpfel, fein geraspelt,
Fett für das Waffeleisen
<u>*Teig:*</u>
150 g Butter, 200 g Zucker,
4 Eier, 1/2 TL Salz,
250 g Stärkemehl,
je 1 TL Backpulver und Zimt

Die Teigzutaten verrühren, die Äpfel zugeben und die Waffeln im Waffeleisen goldbraun ausbacken.

Apfeltaschen

400 g TK-Blätterteig
<u>*Füllung:*</u>
750 g Äpfel, vorbereitet,
50 g gehackte Mandeln,
1 EL Cranberries,
eingeweicht in 4 EL Orangensaft,
2 EL Zucker

Äpfel würfeln und mit den restlichen Zutaten vermengen. Teig auslegen, 4 Rechtecke ausschneiden, Apfelmasse mittig auf die Teigstücke setzen, entweder rollen oder Umschläge formen. Auf einem gefetteten Blech bei 200 Grad etwa 15 bis 20 Minuten goldbraun backen.

Apfel-Nuss-Crumble

1 kg Äpfel,
vorbereitet und gewürfelt,
3 EL Zitronensaft,
1 TL Zimt,
25 g Zucker, gemischt
Streusel:
175 g Mehl,
150 g Butter,
je 75 g Zucker und Nüsse
oder Mandeln, grob gehackt

Apfelwürfel mit Zitronensaft beträufeln, mit Zimt-Zucker mischen, in eine gefettete Auflaufform geben. Streuselzutaten verkneten, über die Äpfel krümeln und bei 180 Grad etwa 45 Minuten backen.

Apfelspeise mit Spekulatius

*1 kg Äpfel, vorbereitet,
4 EL Eierlikör,
400 g Haselnüsse,
250 g Spekulatius, beides gemahlen,
je 125 g Zucker und Butter,
1 TL Zimt*

Äpfel mit Eierlikör beträufeln, Nüsse und Kekse mit Zucker und Zimt mischen. In eine gefettete Auflaufform Hälfte der Äpfel geben, darauf den Nuss-Mix und die restlichen Äpfel, mit Butterflöckchen abschließen. Bei 200 Grad 20 Minuten backen. Abgekühlt mit Sahne zu einer Tasse heißer Schokolade servieren.

Apfel-Guglhupf

je 100 g Butter und Zucker,
2 Eier,
3 EL Eierlikör,
je 150 g Mehl und Äpfel,
je 50 g Schokolade und Mandeln

Äpfel grob raspeln, Schokolade und Mandeln grob hacken. Dann die Zutaten der Reihe nach gut miteinander verrühren, in eine gefettete Guglhupf- oder Napfkuchenform streichen und bei 175 Grad etwa 30 bis 45 Minuten backen.

Kinderleichter Apfelkuchen

1 kg Äpfel, vorbereitet,
Zucker und Zimt nach Geschmack
<u>*Teig:*</u>
4 Tassen Mehl,
2 Tassen Zucker,
je 1 EL Backpulver und Vanillezucker,
3 Eier,
je 1 Tasse Milch und Öl

Die trockenen Teigzutaten verrühren,
dann Eier, Milch und Öl unterrühren.
In eine gefettete Backform streichen.
Mit Apfelscheiben belegen, mit
Zucker und Zimt bestreuen und bei
180 Grad etwa 35 Minuten backen.

Apple-Tin- or Cup-Cakes

1 kg Äpfel, vorbereitet und gewürfelt,
2 EL Öl zum Einfetten der Tassen
(cups) oder Dosen (tins)

Teig:

2 Tassen Zucker,
4 Eier, 3 Tassen Mehl,
1 Tasse Öl, 1 Tasse Selters,
1 EL Backpulver

Teigzutaten verrühren, Äpfel unterheben, gut gefettete Tassen oder Konservendosen 3/4 hoch einfüllen. Bei 180 Grad zwischen 35 bis 50 Minuten backen. Kinder lieben besonders die Dosen-Kuchen.

Apfel-Karamell-Kuchen

Rührteig:
je 150 g Butter und Zucker,
1 EL Vanillezucker,
150 g Vanille-Joghurt, 2 Eier,
200 g Mehl, 1 TL Backpulver,
2 EL Zitronensaft, 1 Apfel, gerieben
Belag:
750 g Äpfel, geschält, entkernt,
halbiert und die Rundungen tief
eingekerbt, 150 g Kokosraspeln oder
Walnüsse, grob gehackt,
2-3 EL Zucker, 100 g Butter

Rührteigzutaten miteinander verrühren, in eine gefettete Form streichen.
Äpfel tief in den Teig drücken. Nüsse
und Zucker darüber streuen, Butter in

Flöckchen darauf setzen. Im vorge-
heizten Backofen bei 160 Grad 50
bis 60 Minuten backen. Wenn die
Nüsse zu schnell dunkel werden, mit
Backpapier abdecken.

Karotten-Apfel-Muffins

Apfel-Mix:
160 g Mehl, 1 EL Backpulver,
50 g Walnüsse, gehackt,
1 Apfel, vorbereitet und gewürfelt
Karotten-Mix:
1 Ei, 2 EL Öl, 150 g Zucker,
150 g Sahnequark,
200 g Karotten, fein gerieben

Beide Mischungen getrennt vermengen, dann Apfel-Mix in den Karotten-Mix rühren, Teig dreiviertel hoch in gefettete oder mit Papierformen ausgelegte Muffinbleche füllen, bei 180 Grad 20-25 Minuten backen.

Schneller Apfelkuchen

*600 g Äpfel, vorbereitet,
4 EL Zucker, 2 EL Rosinen
Rührteig:
je 125 g Butter und Zucker,
3 Eier, 1 TL Zitronensaft,
200 g Mehl, 2 TL Backpulver,
1-4 EL Milch*

Zutaten zu einem steifen Rührteig verrühren, auf ein gefettetes Blech streichen, Apfelscheiben in den Teig drücken, mit Zucker und Rosinen bestreuen, etwas eindrücken und bei 180 Grad 40 bis 50 Minuten backen.

Apfel-Streusel-Kuchen

1 kg Äpfel, vorbereitet
Teig:
4 Eier, je 200 g Zucker und Butter,
1 EL Vanillezucker, 250 g Mehl,
1/2 Päckchen Backpulver
Streusel:
je 100 g Butter, Mandelblättchen
und Mehl, 150 g Zucker

Einen steifen Rührteig zubereiten, in eine gefettete Springform streichen. Dicht mit Apfelscheiben belegen. Butter schmelzen und mit übrigen Zutaten zu dicken Streuseln verrühren. Abkühlen lassen und über den Äpfeln verteilen, leicht andrücken. Bei 170 Grad ca. 70 Minuten backen.

Kerniger Apfelkuchen

*je 200 g Weizen- und Weizenvoll-
kornmehl, 1/2 TL Zimt,
1 Päckchen Backpulver, 750 g Äpfel,
100 g gemahlene Mandeln, 2 Eier,
300 ml Joghurt, 100 g brauner
Zucker, 1/4 l Apfelsaft, 1 Prise Zimt,
100 g Mandelblättchen*

Mehle, Backpulver und Zimt mischen, die Hälfte der Äpfel fein raspeln, Eier trennen. Eigelb, Joghurt und 75 g Zucker mit den Mandeln, dem Mehlmix und den geraspelten Äpfeln verrühren. So viel Apfelsaft zugeben, dass ein nicht zu fester Rührteig entsteht. Backofen auf 200 Grad vorheizen. Eiweiß steif schlagen und vorsichtig unter den Teig heben. Teig auf ein gefettetes Backblech streichen. Übrige vorbereitete Äpfel in Spalten schneiden, auf dem Teig verteilen. Mandelblättchen mit dem Zuckerrest vermischt darüber streuen, 35 Minuten backen.

Versunkener Apfelkuchen

6 gleich große Äpfel,
6 EL Eierlikör vermischt mit
6 EL gemahlenen Mandeln und
3 EL Zucker,
2 EL Mandelblättchen
Teig:
je 200 g Butter, Zucker und Mehl,
1/2 TL Backpulver, 3 Eier

Teigzutaten verrühren, in eine gefettete Springform füllen. Äpfel schälen, Kerngehäuse ausstechen. Ausgehöhlte Äpfel in den Teig setzen, in die Höhlung den Eierlikör-Mandelmix füllen, mit Mandelblättchen bestreuen und bei 190 Grad 60-70 Minuten backen.

Torta di Mele
Italienische Spezialität

*750 g säuerliche Äpfel, vorbereitet
und in dünne Scheiben geschnitten,
Saft einer Zitrone*
<u>*Teig*</u>*:*
*2 Eier, 200 g Zucker,
je 100 g Butter und Mehl,
1 Päckchen Backpulver,
100 ml Milch*

Äpfel mit Zitronensaft beträufeln. Teigzutaten verrühren, Äpfel unterheben. Masse auf einem gut gefetteten Backblech verteilen. Bei 200 Grad etwa 45 Minuten backen. Schmeckt warm oder kalt.

Von Apfelsaft bis Yogi-Sekt

Apfelsaft selbst gemacht

Im Dampfentsafter:

Je nach Gerät 2 bis 5 kg gewaschene, grob zerkleinerte Äpfel (mit Schale und Kerngehäuse) in den oberen Kessel füllen. Unteren Topf mit Wasser auffüllen und solange kochen, bis der Saft aus dem Auslaufrohr fließt. Noch heiß in saubere, heiß ausgespülte Flaschen füllen und mit ausgekochten Gummikappen oder Schraubverschlüssen verschließen.

Eine Hand voll Pflaumen oder Sauerkirschen zwischen den Äpfeln geben dem Saft und daraus gekochtem Gelee zusätzlich Farbe und Geschmack.

Apfelpunsch

100 g getrocknete Äpfel,
gewürfelt,
50 ml Apfelsaft,
150 ml Weinbrand,
1 Flasche Rotwein,
200 ml Portwein,
100 g Zucker,
1 Zimtstange,
8 Gewürznelken

Apfelstückchen in Apfelsaft weich kochen, Weinbrand zugeben und vier Tee- oder Punschgläser halbvoll damit füllen. Restliche Zutaten erhitzen und ohne die Gewürze in die Gläser füllen.

Apfeltee

*4 Äpfel oder 1 große Hand voll
getrocknete Apfelschalen,
1 l Wasser, Honig und Zitrone
nach Geschmack*

Äpfel pürieren oder Apfelschalen zerbröseln und mit kochendem Wasser übergießen, ziehen lassen, absieben und würzen.

Gesundheits-Cocktail
(für 1 Person)

Je 1 Apfel, Möhre und Rote Bete entsaften, 1 Tropfen Sonnenblumenöl zufügen, sofort servieren.

*von links nach rechts: Gesundheits-
Cocktail, Goldsaft, Möhren-Apfel-
Drink, Apfeltee (vorn), Apfelsaft*

Campari-Apple
(Für 1 Person)

50 ml Apfelsaft,
1 Stängel Zitronenmelisse oder
Gundermann,
1 Apfel, ungeschält und
fein gewürfelt,
4 EL Campari,
200 ml Apfelsaft

Apfelsaft in Eiswürfelbehälter gießen, in jedes Fach ein Blättchen Zitronenmelisse oder Gundermann legen, zu Eiswürfeln gefrieren lassen. Apfelstücke und Eiswürfel in ein Longdrinkglas geben mit Apfelsaft und Campari auffüllen. Sofort servieren.

Frozen Apple-Drink
(Für 1 Person)

*1 Apfel, geschält und fein gewürfelt,
4 EL crushed Eis, 3 EL Calvados,
1 EL Zitronensaft, 1 TL Ahornsirup*

Alle Zutaten außer Eis im Mixer
pürieren, in ein hohes Glas geben,
mit dem Eis auffüllen und servieren.

Möhren-Apfel-Drink
(für 1 Person)

1 Apfel und 1 Möhre im Entsafter
entsaften, 1 Tropfen Sonnenblumenöl zugeben, sofort servieren.

Goldsaft

*2 Äpfel, 400 g Möhren,
4 EL Zitronensaft, 2 Orangen,
4 EL Sanddornsaft*

Äpfel und Möhren im Entsafter entsaften, Orangen auspressen, mit übrigen Zutaten mischen.

Yogi-Sekt

*2 cm Ingwer, je 250 ml Apfelsaft
und Mineralwasser*

Ingwer durch eine Knoblauchpresse drücken, dann mit Apfelsaft und Mineralwasser verrühren und sofort servieren.

Konservierter Apfel

Apfelgelee

1,5 kg Äpfel,
ungeschält und geviertelt,
je 1 Stück Zimt- und Vanillestange,
4 Nelken,
1 kg Gelierzucker, 1 Zitrone

Äpfel, Gewürze und soviel Wasser, dass die Äpfel knapp bedeckt sind, weich kochen. In einem Mulltuch über Nacht abtropfen lassen. 750 ml Saft auffangen und mit Gelierzucker und Zitronensaft verrührt aufkochen, 4 Minuten sprudelnd kochen lassen. In Gläser füllen, fest verschließen, 5 Minuten auf den Deckel stellen.

Apfel-Waldbeeren-Gelee

500 g Waldbeeren (TK),
900 ml Apfelsaft,
1 TL Zimt,
350 g Zucker,
1 Beutel Gelierpulver 3:1

Beeren und Saft mit Zimt ca. 10 Minuten kochen, erkaltet durch ein Sieb streichen. Zucker und Geliermittel mischen, mit Beeren-Saft-Mix unter Rühren aufkochen. Wie Apfelgelee fertig stellen.

Apfel-Kürbis-Konfitüre

je 750 g Kürbis und Äpfel,
vorbereitet, 200 ml Apfelsaft,
Saft einer Orange,
500 g Gelierzucker 2:1,
1 TL Zimt

Kürbis schälen, würfeln, Kerne und Faseriges entfernen. Mit 150 ml Apfelsaft 15 bis 20 Minuten weich kochen, mit einer Gabel zerdrücken. Äpfel mit Orangensaft weich kochen. Mischen, Gelierzucker und Zimt unterrühren und zum Kochen bringen. Wie Apfelgelee fertig stellen.

Apfel-Ananas-Konfitüre

500 g Äpfel, vorbereitet,
1 Ananas, 150 ml Orangensaft,
500 g Gelierzucker tropical und
1 EL brauner Zucker

Ananas schälen, Enden ab- und Strunk herausschneiden. Mit Äpfeln und Orangensaft pürieren, mit Gelierzucker mischen und über Nacht Saft ziehen lassen. Zum Kochen bringen und wie Apfelgelee fertig stellen. Ingwer-Fans verfeinern die Konfitüre mit 4 EL gemahlenem Ingwer!

Apfelringe trocknen

Gut ausgereifte Äpfel schälen, Schadstellen und Kerngehäuse entfernen. In dünne Scheiben schneiden. Auf einen Backofenrost oder die Platten eines Dörrgerätes legen. Bei leicht geöffneter Backofentür und 50 bis 60 Grad bzw. nach Anweisung des Dörrgerätes so lange trocknen, bis die Scheiben leicht elastisch sind, aber beim Anbrechen keine feuchten Stellen mehr zeigen. In Dosen oder Tüten aufbewahren.

Mit etwas Wasser aufgekocht ein appetitliches Kompott. Zerkleinerte Apfelringe schmecken auch im Müsli oder als Ersatz für die üblichen Knabbereien vorm Fernseher.

Apfel-Chutney

1 kg Äpfel, vorbereitet und gewürfelt,
150 g Zwiebeln, gewürfelt,
100 g Rosinen,
350 g Zucker,
125 ml Weinessig,
je 1 Prise Kurkuma,
gemahlener Ingwer,
Nelken- und Chilipulver

Alle Zutaten vermengen und 90 Minuten leise köcheln lassen, danach noch einmal abschmecken. Heiß in Twist-off-Gläser füllen, verschließen, 5 Minuten auf den Kopf stellen. Schmeckt zu Braten, Fondue oder Räucherfisch.

Rezeptverzeichnis

Aus dem lieferbaren Mini-Angebot

Kochbüchlein

Alles vom Ei
Berlin & Mark Brandenburg kulinarisch
Bierbüchlein · Branntweinbüchlein
Brasilianische Rezepte · Champignon & Co.
Gemüseraritäten · Essen von der Wiese
Exotische Gewürze · Gesundes aus dem WOK
Grillbüchlein · Holunderrezepte · Kaffeebüchlein
Käsebüchlein · Kleines Kartoffelbuch
Kürbis-Büchlein · Lieblingskuchen
Mecklenburg-Vorpommern kulinarisch
Mehlspeisenbüchlein
Neues Nudelbüchlein · Neues Reisbüchlein
Noch mehr knackige Salate
Obstexoten · Ostpreußen-Kochbüchlein
Pfefferkuchenbäckerei
Pommern kulinarisch · Sachsen kulinarisch
Sachsen-Anhalt kulinarisch
Salzbüchlein · Sanddorn-Rezepte
Saucen-Rezepte · Sauerkrautbüchlein
Schlesisches Kochbüchlein
Schokoladenbüchlein · Sektbüchlein
Spargel-Rezepte · Stollenbüchlein

Thüringen kulinarisch • Weinbrevier
Whiskybüchlein • Wild-Rezepte
Zuckerbüchlein • Kleines Zwiebackbuch

Pflanzenbüchlein

Bäume & Sträucher • Faszination Rosen
Heilkräuterbüchlein
Mythos Ginkgo (auch als engl. Ausgabe)
Kamelienbüchlein • Küchenkräuter
Naturapotheke • Tulpenbüchlein

Der besondere Band

Hans Christian Andersen • Auf der Sächsischen
Burgen- und Schlösserstraße
Auf der Sächsischen Weinstraße
Das kleine Bach-Büchlein • Beloved Sisi
Berlin für die Westentasche
Burgen und Schlösser im Erzgebirge
Wilhelm Busch • Dresden für die Westentasche
Dresden in Pocket Size
Erzgebirgisches Weihnachtsbüchlein
Fairy Tale King Ludwig • Frauen-Weisheit
Faust-Zitate • Fußball-ABC • Fürst Pückler
Geliebte Sisi • Glanz des Schönen
Goethe-Zitate • Die grüne Fee: Absinth
Halle für die Westentasche • Heine-Zitate

Heiter bis wolkig. Vom Wetter
Hundebüchlein · Ich hab dich so lieb
Das kleine Kamasutra · Katzenbüchlein
Kinder sind die besten Philosophen
Küchenbüchlein · Leipzig für die Westentasche
Liebes Bett · Magdeburg für die Westentasche
Märchenkönig Ludwig II.
Wolfgang Mattheuer · Karl May
Claude Monet · Wolfgang Amadeus Mozart
(auch als engl. Ausgabe)
München für die Westentasche
Nietzsche-Zitate
Parks & Gärten in Sachsen-Anhalt
Pferdebüchlein · Philosophinnen-Sprüche
Rainer Maria Rilke · Joachim Ringelnatz
Das kleine Sachsenbuch
Sandmännchen-Büchlein · Schiller-Zitate
Shakespeare-Zitate
August Strindberg · Von Jahr zu Jahr
Weimar für die Westentasche
Weisheiten der Welt
Wetter & Bauernregelbüchlein
Witz und Weisheit der Tataren

BuchVerlag für die Frau
Gerichtsweg 28 · 04103 Leipzig